오늘은
달다.

　어제는
　　지랄
맞았지만,

오늘은 달다.
어제는 지랄맞았지만,

글·그림 달다

21세기북스

프롤로그

행복을 묻다

어른들은 어린 내게 좋은
대학에 가면 행복이 온다고 했다.

대학생이 된 내게는 안정적인
직장을 가지면 행복이 온다고 했고,

직장인이 된 내게는
결혼을 하면 행복이 온다고 했다.

나는 알려준 대로 행복을 위한
모든 패를 완벽하게 사용했다.

목적지처럼 보이는 막다른 길에 이르러
가쁜 숨을 몰아쉬며 물었다.

"행복은 어디에 있죠?"
메아리조차 없다.

어른이 되어버린 내게
대답해줄 어른은 더 이상 없다.

나는 그 자리에 엉거주춤 서서
길을 잃은 아이처럼 울었다.

시간이 흐르고 다시 물었다.

"나는 어디로 가면 행복하니?"
미련하게도 이제서야.

남의 말만 듣느라 소홀했던 내게
처음으로 행복을 물었다.

나는 한때 모질도록 자책하곤 했다.

열심히 해도 어려웠고
잘하려 해도 할 수 없었다.
간절한 연애는 쉽게도 깨졌고
아무리 마음을 줘도 내 마음 같은 친구가 없었다.

언제나 기대에 미치지 못했다.
늘 노력한 만큼의 대가가 없었다.

한발 한발이 외줄 타듯 아슬했다.
앉지도 서지도 못해 엉거주춤한 자세로
내일아 오지 마라, 오지 마라
멍청하게 울기도 했다.

그때의 내가 참으로 가엽다.

시리도록 가시 돋친 세상에서
나조차도 나를 편 들어주지 못했다.

못해도 노력하는 나를 안아주면 되었다.
깨진 인연은 보기 싫은 이유를 잔뜩 만들어
힘껏 미워하고 한숨 자버리면 그만이었다.
견디기 힘든 외줄 위에는 서지 않아도 되었다.

지켜내야 하는 것 중 가장 우선은
나 자신이었다.

차 례

프롤로그 행복을 묻다　　　　　6

PART 1 나는 나에게 서툴다

01 '쓰다'를 숨기며 산다　　　　18
02 나는 어떤 사람이다　　　　　20
03 나란 여자　　　　　　　　　24
04 칭찬을 대하는 길　　　　　　26
05 우산이 있어야 낭만이 시작된다　28
06 좀 얇은 옷　　　　　　　　　34
07 나는 나에게 서툴다　　　　　36
08 여행 후 떠오른 것들　　　　　38
09 나 건들지 말라는　　　　　　42
10 나를 용서　　　　　　　　　48
11 깃털처럼 가벼운 고백　　　　52
12 인생이 내 마음 같다면　　　　54
13 소라를 찾는 소라게　　　　　58
14 인생 수정　　　　　　　　　64
15 서툰 위로　　　　　　　　　68

PART 2 민감함은 사랑의 그림자였다

01 고독한 주파수, 52Hz 74
02 열림은 닫힘보다 사려 깊다 78
03 종이컵 두 개 80
04 소년의 하늘 84
05 푸른 별 꿈 88
06 오래도록 곱게 물든 92
07 너의 언어를 몰랐다 98
08 세상에 이해 못할 일이란 없다 102
09 져도 돼 104
10 민감함은 사랑의 그림자였다 106

PART 3 내 눈에 예쁜 꽃이면 되었다

01 늙은 소녀	112
02 한없이 약한 당신	116
03 세상이 무너져도	118
04 엄마의 그런 딸	122
05 나의 첫사랑	126
06 못생긴 기지배들	130
07 부장님의 아재 개그	134
08 착하지 않아도 괜찮아	140
09 내 눈에 예쁜 꽃이면 되었다	146
10 우리가 사랑에 실패하는 이유	148
11 하나	152

PART 4 누구나 꽃을 품고 산다

01 어른 아이템	160
02 누구나 꽃을 품고 산다	164
03 나조차도 내 편일 수 없는 순간이 있다	170
04 물음표	172

05 다행이다 174
06 당신도 그런 적 있나요 178
07 비밀기지 180
08 부모라는 우주 184
09 아직 외로움을 극복하지 못했다 190
10 우리에게 필요한 것 194

PART 5 오늘은 달다

01 나를 비춘 핀 라이트 200
02 부정적 상상 202
03 우리는 다시 아이가 된다 208
04 헬로 먼데이 212
05 그런 날이 있다 218
06 혼자의 시간 222
07 나를 수집 226
08 영혼을 기다리는 시간 230
09 문득, 너의 무심함이 좋다 232
10 그런 것일지 모른다 234

에필로그 행복해질 나를 믿는다 240

PART

1

나는
나에게
서툴다

01 '쓰다'를 숨기며 산다

무수하게 스치는 당신의 순간들을 본다.

부드럽게 곡선을 그린 옅은 눈웃음.
일순간에 붉어진 귓불.
미세하게 실룩이는 입꼬리.
파뜩했다 흐려지는 미간 주름.
눈동자가 흔들리는 방향.
짧게 끊어내는 헛기침.
손톱 끝을 매만지는 검지.
주변을 감싼 공기까지도.

흐르는 감정들이 일일이 흡수되어
온 마음이 환해졌다가
속절없이 허물어지기도 한다.

지독하게 예민한 나는
'달다'로 살길 희망하며
어쩔 수 없는 '쓰다'를 숨기고 산다.

02 나는 어떤 사람이다

나는 당신의 아픔에 동요하는 사람이다.
당신의 걱정에 몰두하는 것이 어렵지 않은 사람.
그런 내가 따뜻하다 믿는 사람이다.
나는 나의 아픔을 강요하는 사람이다.
내 걱정에 몰두하지 않는 당신이 석연찮은 사람.
그런 당신이 하염없이 서운한 사람이다.

나는 베짱이를 선망하는 사람이다.
내일보다 오늘을 즐기는 누군가에게
기꺼이 기립박수를 보내는 사람.
'진짜 인생은 삼천포에 있다.'는 말을
멋지다며 떠들어대는 사람이다.
나는 겨울이 두려워 오늘을 붙드는 개미다.
오늘 할 일을 내일로 미루고 불안함이 앞서는 개미.
한겨울, 딱한 베짱이를 짐작하며 스스로를 위안하는
음흉한 개미다.

나는 꽤 유머러스한 사람이다.
내 치부를 드러내서 웃기는 일에 서슴없는 사람.
남들의 웃음이 뿌듯한 사람이다.
나는 다소 무거운 사람이다.
과거의 나를 곱씹는 사람.
내 치부가 드러날까 잠 못 이루는 사람이다.

나는 연달아 댄스곡만 부르는 흥겨운 노래방에서
개의치 않고 발라드를 예약하는 소신 있는 사람.
그러고는 찬물을 끼얹은 분위기에
뒤통수가 따가운 소심한 사람이다.

나는 사람을 좋아하지만
가끔은 전화기의 수신 거부 버튼을 누르는 사람.

나는 잘난 척을 싫어하지만
그래도 자랑하고 싶어 좀이 쑤시는 사람.

나는 대부분 노력하는 사람.
그러다 그 무게가 버거워 악을 쓰다가 우는 사람.

나는 솔직하다가도 입을 다무는 사람.
용감한 겁쟁이. 똑똑한 바보.
여전하면서도 이중적인 사람이다.

나는 지극히 보통의 사람.
그러면서도 내심 특별한 사람이길 기대하는
어쩔 수 없는 사람이다.

03 나란 여자

벌겋게 열이 올라 뛰쳐나왔다.
몸속의 뜨거운 공기를 한숨으로 뿜어내며 다짐했다.

"너무 애쓰며 살지 말자."

한결 나아진 표정으로 길을 건너다가
애써 횡단보도의 흰색 금만 밟는 내게 울컥한다.

04 칭찬을 대하는 길

칭찬을 들으면 황급히 뒤를 이어
단점 퍼레이드를 시작한다.
우쭐한 인간으로 보여 불편함을 줄까 봐
묻지 않은 치부까지 탈탈 털어 드러내고 만다.

생각해보면
자진해서 몰매 맞는 비루한 개그 말고도
칭찬을 대할 길은 많다.

아이처럼 기뻐하며 감사하거나
나 역시 진심 가득한 칭찬으로 보답하거나
성과의 비결을 성심껏 알려주는
다정함도 좋다.

답례할 방도는 얼마든지 있는데
칭찬에 허름한 변명만 늘어놓기 바쁘다.
젠장.

05 우산이 있어야 낭만이 시작된다

신촌 거리.

카페를 검색하던 중
비가 내리기 시작했다.

다급하게 빨라지는 인파에
덩달아 속도를 내려다
가방 속에 챙겨놓은 우산이 생각났다.

빗방울이 굵어지면 우산을 꺼낼 요량으로,
이내 태연해져 느릿함을 유지한다.

정수리에 촉촉하고
시원한 감촉이 나쁘지 않다.

지금, 봄비가 꽤 낭만적이다.

친구나 지인들을 살피다 알게 된 점.
나는 남들보다 종종거리며 안달하는 편이라는 것.

풀숲에 숨은 토끼처럼 깜짝깜짝 놀라고,
불안한 파도를 오르락내리락하느라
울렁대는 멀미가 잦다.

쥐 콩만한 가슴의 내게
세상은 여유와 낭만을 강요했다.

나로서는 좀체 불가능해 보이는
'태연함'을 실천하는 자들.
고도로 정신 수양한 성인일지 모른다는 생각에
의심 없이 동경을 표하곤 했다.

열여덟.
아버지는 갑작스레 세상을 떠났다.
묵직한 대상이 순식간에 증발해버린 날.
울고 있는 어머니의 뒷모습은
세상에서 가장 연약해 보였다.

무방비한 나를 둘러싼 견고한 방벽들이
처참히 무너지는 순간이었다.

슬픔과 두려움이 번갈아 뒤섞이던
그때의 끈적함이 떠오르면
아직도 서늘하게 소름이 돋는다.
삶의 모든 무게를 스스로 감내해야 한다는 압박과
반사 작용처럼 뒤따르던 불안의 메커니즘은
아마 그때부터 시작되었을 것이다.

지금에야
조금 젖은 채로 살아도 죽지는 않더라며
꽤 나긋해진 노련함으로
우산 마련하는 법을 터득 중이지만
그때의 내게는 아무것도 없었다.

곧 쏟아질 비를 피해
불안한 질주를 시작할 수밖에.

가방 속에 우산이 있어야 낭만이 시작된다.
부디, 왜 그리 소심하게 웅크리고 사느냐 핀잔하지 마라.

당신이 함부로 강요한 낭만은
누군가에게는 무모함일지 모르는 일이다.

06 좀 얇은 옷

나는 유난히 얇은 옷을 입고 사는 게 아닐까 싶을 때가 있다.

피부에 흡착한 마스크 팩처럼
반투명의 얄팍한 옷은
방풍이나 보온 기능이 제로에 가까워
공기 변화에 그대로 방치된다.

뼛속까지 시린 오한에 움츠렸다가도
등줄기를 타고 흐르는 햇살의 촉감이
별스럽게 느껴진다.

두꺼운 가죽 털옷을 여민 누군가는
왜 그리 호들갑이냐고
예민하기 짝이 없는 사람 취급하지만

그럼에도 나는
서로를 꼭 껴안은 채 체온을 나누어 보겠냐며
슬쩍 그의 눈치를 본다.

07 나는 나에게 서툴다

콘크리트 벽에 오른손을 꿍 찧었다.
꽥 비명을 지르며 손을 감싸 쥐었다.

충돌 직후 폭발적인 자극은 사라지고
욱신거리는 잔여 통증이 남았지만
며칠 지나면 괜찮겠지 싶어 내버려 두었다.

며칠 후, 약지의 손톱 밑이 검붉게 변했다.
손가락이 부풀어 올라 접고 펴기 어려웠지만
또 괜찮아지겠지 싶어 내버려 두었다.

통증은 쉬 가시지 않았다.
나는 왼손 오른손을 나란히 펴서
틀린 그림 찾기 하듯 면밀하게 비교했다.
확실히 오른쪽 약지의 뼈마디가 툭 불거져있다.

결국, 병원을 찾았다.
골절이었다.

의사 선생님은 왜 진작 병원에 오지 않았냐며
미련한 사람 보듯 했다.

철제 보호대를 감은 손가락을
가만히 바라보다 짜증이 스민다.
스스로에게 무신경한 인간인 게 싫다.

"좀 더 자신을 아끼며 살아.
난 이제 달라졌거든."

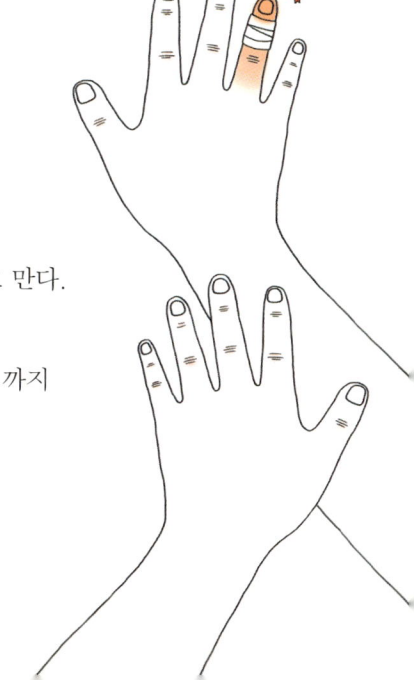

의기양양하게 잘도 훈계해놓고는
사실은 한참 서툴다.
의식하고 보살피지 않으면
자꾸만 괜찮겠지 싶어 내버려 두고 만다.

깊은 곳의 감정부터 손가락 끝마디까지
챙길 것들이 이렇게나 많다.

08 여행 후 떠오른 것들

유럽 여행 중,
마을 어귀의 학교 앞에서 버스를 탔다.

방과 후의 학생들로 기득 찬 버스에 오르는 순간

이질적인 시선들이 나를 향해 꽂혔다.

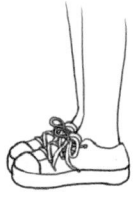 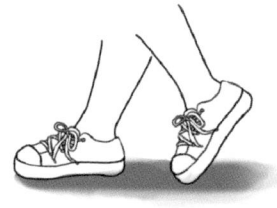

주춤주춤… 당황스러운 침묵 속을 가로지르자

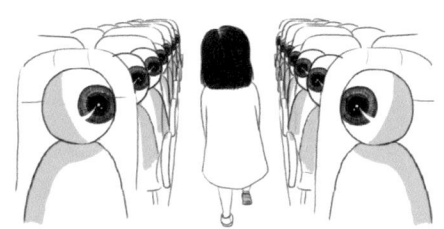

눈빛들도 일제히 나를 따라 움직인다.

조심스레 들이마신 공기마저
날카로운 바늘처럼 숨이 막혔다.

여행 후 인천 공항에 발을 딛는 순간,
안도의 한숨과 뒤섞여 불시에 스친 생각.

'이제는 눈에 띄지 않아도 된다.'

낯선 나를 향한 낯선 이들의
빗발치던 시선에서 벗어났다는 묘한 해방감.

익숙한 군중 속에서 아무렇게나 표정을 짓고
제멋대로 말해도 괜찮을 자유.

낯선 것은 설레지만
익숙한 것은 완전할지 모른다는 그럴듯한 결론과
연이어 일상에서조차
시선을 피할 수 없는 사람들을 떠올렸고….
그들에게 닿았을 내 눈빛을 자근자근 검열하면서
핸드폰으로 재빨리 김치찌개 맛집을 검색했다.

09 나 건들지 말라는

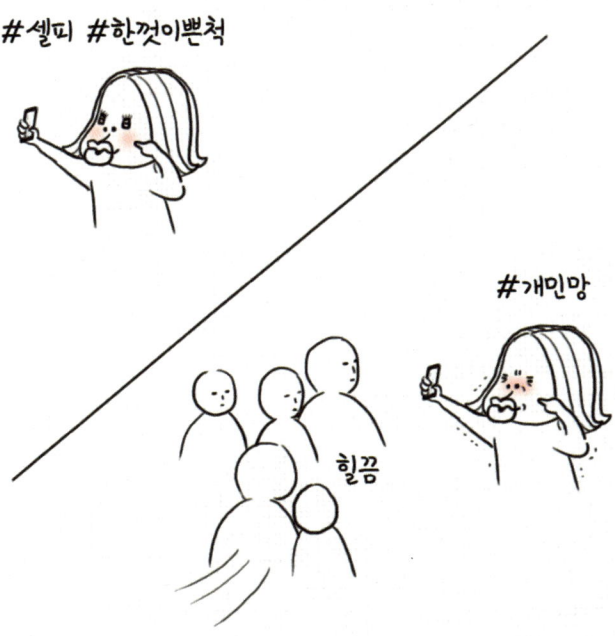

하루에도
불편한 일들이

서른마흔다섯개…

나의 모든 촉수를 무장해제하는
충전 시간이 필수.

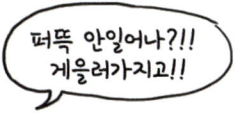

고로, 뒹굴거림도
바쁜 일과 중 하나라는.

나 지금 바빠!!

나 건들지 말라는….

10 나를 용서

학창시절,
납득할 수 없는 구설수에 오른 적이 있다.
나는 소문을 달래느라 무던히 친절함을 보였다.

입사 후,
성적 농담을 서슴지 않던 상사가 있었다.
나는 그가 나를 미워하지 않길 바라 그저 웃었다.

아버지를 잃고
어머니는 위로받아야 할 존재였다.
나는 여태껏 어머니께 그가 보고 싶노라
투정한 적이 없다.

살다가 먹먹하게 짓누르는
공기가 버거울 때면
나는 어김없이 나를 질책했다.

'왜 이 모양으로 생겨먹어
징징대며 사느냐고….'

그때는 몰랐다.
가혹한 자책도 아픔이 될 줄은….

무지해서 삼켜버린 아픔은
여지없이 날카롭다.

깊은 곳에 박혀
여전히 욱신거리다 울컥한다.

그것들은 분명 내게 상처였다.

견디지 않았어야 하는 일.
마땅히 방어하고 밀쳐냈어야 하는 일.
나를 지키느라 날카로운 가시를 세웠어야 하는 일.
큰 소리로 아이처럼 울어도 되는 일들이었다.

나에게 용서를 구한다.
외면하고 상처 주어서
더 사랑해주지 못해서
긴 외로움 속에 혼자 두어 미안하다고.

그리고 약속한다.
다시는 내게 서운한 일이 없기를.

나는 이제서야
자신과 눈 맞추는 것만이
온전한 위로임을 느낀다.

11 깃털처럼 가벼운 고백

눈길 두기 어색하여 흘려 보아도 아버지는 더없이 야위었다.

손톱깎이가 있느냐 했다.
퉁명스레 서랍을 뒤져 아버지께 건넸다.

그러고는 식탁에 앉아 계란밥을 비볐다.
그릇 바닥까지 숟가락을 밀어 넣었다가 밥을 뒤집고, 뒤집고.
누런 노른자가 툭 터져 밥알과 함께 뒹굴었다.

아버지는 부엌 뒤 문간에 신문지 두 장을 내려놓고
발톱을 깎았다.

금속의 아래윗니가 다물리는 소리에 발톱 조각이 떨어진다.
툭, 툭.

"딸, 아직도 내가 미우냐."
쏘아붙이려 고개를 돌렸다가
쭈그려 앉은 뒷모습에 가슴이 내려앉는다.

톡, 톡.
열여덟 못된 계집애는 아무 말을 못 했다.

그해에 나는 아버지를 잃었다.

가끔, 기억은 심장 끝까지 밀려들어가
사정없이 뒤집고, 뒤집고를 반복한다.

후회가 노른자처럼 터져 나오는 날.
나는 천 번이고 만 번이고 읊조렸다.

당신을 미워한 적 추호도 없노라고.

서른이 넘은 못난 딸은 이제서야
품고 있던 뒤엉킨 기억들을 풀어놓는다.

앞으로 당신께 올리는 인사는 조금 더 담담하기를.
깃털처럼 가볍고도 정답기를.

12 인생이 내 마음 같다면

인생이 내 마음 같다면,

시험 전 날 나의 학교에는 족히
열두 번 정도 화재가 났을 것이다.

나를 버린 애인은 평생을
혼자 살다 쓸쓸히 늙어가고

회사는 수십 번쯤 망해버렸을 것이다.

못 돼먹은 저주들은 무력한 헛소리로 흩어졌고
인생은 결코 내 마음 같지 않았다.

내 마음 같지 않은 인생은

설망직인 시험 성적으로
게으름의 대가를 치렀고

애인의 가혹한 이별 통보에
밤을 새워 울거나

빌어먹을 회사지만
밥 벌어먹는 오늘이
그런대로 괜찮다는 모순도 느끼게 했다.

내 마음 같지 않은 인생 덕에
못 돼먹은 나는
부족함 없이 해지고 닳아
어른 비스름한 지금이 되었다.

13 소라를 찾는 소라게

소라게

우리는 너무 쉽게   세상이 말하는 '최고'를

진짜라고 믿어버린다.

내게는 한마디 상의도 없이.

14 인생 수정

사는 동안

말 잘 듣는다는 칭찬은
들어본 적 없다.

그런 내게

눈치껏 그린 그림들은
마음에 들 리 만무했고

갈수록 덧없이 건조할 뿐이었다.

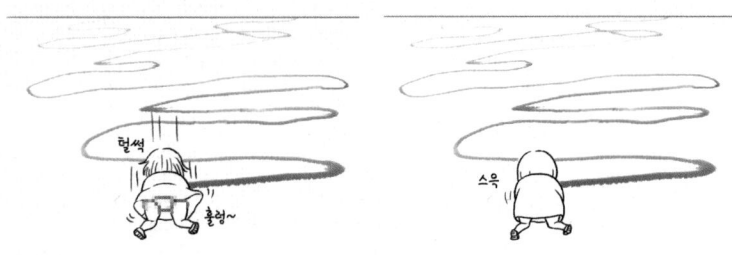

스스로를 외면한 채 살아온 대가는
갑절의 수고로움을 각오하게 했지만

다시 온전한 내 것들로
채워지기를.

이제서야 내 마음에
꼭 드는 그림이 되기를.

가슴 아래 묵직하게 선명한 빛이 새어 나온다.

15 서툰 위로

내 변명을 좀 하자면

눈치 없이 던진 농담

자학히듯 내뱉은 한풀이

이도 저도 못한 우유부단함이

꼭 진짜는 아니라는 것.

숙연한 분위기를 만회하려 했거나

고개 숙인 당신을 북돋고 싶었거나

남 몰래 당황한 누군가를 염려하느라

황급히 튀어나온 다정한 마음들이
한데 엉켜 서툴렀을 뿐이라는 것.

어설프고 투박해도 너그럽게 보아주라.
그저 당신을 위로하고 싶었다.

PART

2

민감함은
사랑의
그림자였다

01 고독한 주파수, 52Hz

52Hz의 이상한 고래 소리가
발견되었다는 기사를 보았다.

12-25Hz의 일반 고래들과는
소통이 불가능한 고독한 주파수.

수많은 연구와 추적이 시작됐지만
고래는 모습을 드러내지 않았다.

그의 노래는 너무나도 외롭다.
튀어나온 못처럼
결대로 눕지 못한 못난이.

홀로 삐죽한 모습에서 내가 보인 걸까.
짧은 기사 글의 고래가
오래도록 아련했다.

세상 가장 신비로운 52Hz의
노랫소리를 듣고 싶다고

괜찮다고,
충분히 아름답다고,

혼자가 아니라고,

02 열림은 닫힘보다 사려 깊다

엘리베이터 열림 버튼에
손가락 자국들이 묻어있다.

어떤 것은 성인 남자의 것인 듯했고, 어린아이의 것처럼 작은 자국도 있다.

꽤 오랜 시간을 기다린 듯
선명한 흔적도 보인다.

열림은 닫힘보다 사려 깊다.

열림 버튼에 묻은 손자국들은
오늘도 따뜻했다는 증거다.

03 종이컵 두 개

답답한 마음에 뛰쳐 올라간
회사 옥상.

난간에 빈 종이컵 두 개가 놓여있다.

숨 막히게 빽빽한 건물들,
경쟁하듯 올려세운 빌딩 숲에서

다정하게 토닥였을 두 사람의 시간.

온종일 시리던 마음이
단숨에 뜨끈해진

충전의 흔적.

빈 종이컵에 온기가 그대로다.

04 소년의 하늘

맥도날드 치즈버거는 쇼킹했다.

오 마이 갓! 세상에 이런 맛이.
엄마는 왜 이제서야 여길 데려왔나 몹쓸 배신감마저 들었다.

엄마를 따라 시내 백화점에 가는 날이면
치즈버거 생각에 아싸라비야
소리를 지르며 까불어댔다.

그토록 가슴 뛰던 치즈버거가 '한낱' 치즈버거가 될 때쯤이
아마 내가 어른이 된 무렵이었을 것이다.

지난가을, 제주도행 비행기 안.
꼭두새벽부터 잠을 설쳤더니 노곤하게 눈이 감긴다.
창가 석의 볕이 부담스러워 창문 가리개를 내렸다.
옆자리 할아버지가 툭툭 치셨다.
"저거 좀 올려봐."

고도가 높아질수록
태양 빛은 날카롭게 감은 눈을 찔러댔다.
참다못해 슬그머니 다시 내렸더니
이번에도 성을 내신다.
"아이! 좀 올려!!"

눈이 부셔 그렇다고 말씀드리니
"하늘 좀 보고 싶어 그래!" 하신다.

'하늘이…보고 싶다고?'

느닷없는 의외의 대답에
일순간의 짜증이 부드러운 거품처럼 녹는다.

할아버지에게 하늘은
'한낱' 하늘이 아니구나.

주섬주섬 가리개를 올리려다
자리를 바꿔드릴까 여쭈니 눈가에 옅은 미소가 스친다.

비행기가 땅에 닿을 때까지 할아버지는
몸을 기울여 창가에 이마를 대고 계셨다.

어른이 된다는 것은
세상만사가 별스럽지 않아지는 것.

기대도, 실망도, 기쁨도,
목숨 같던 치즈버거마저
차츰 시시하게 사그라드는 것.

그래서 별스럽게 감탄하는 모든 이가
소년과 소녀처럼 예쁜가 보다.

구부정한 소년의 어깨너머가 새삼스레 파랗다.

-덧-
할아버지께 사진을 보여드리니 쑥스럽게 웃으시며 사용을 허락해 주셨다.
감사합니다.

05 푸른 별 꿈

필리핀 여행 중, 배를 타고
스노클링을 하러 갔다.

작은 보트를 모는 아버지는
한쪽 팔이 없었고

좁은 뱃머리에 아슬하게 있어
떠오를 듯 항해 중인 어린 아들은

닻을 내리며 일손을 도왔다.

손님들이 환상적인 바닷속
풍경에 넋을 놓는 중에

일을 마친 소년도
바다로 뛰어들었다.

분주하게 자맥질 중인 소년이
궁금하여 가까이 헤엄쳐갔다.

소년은 양손 가득
푸른 불가사리를 주워 모아

바닷속 하얀 모래 위에
코발트빛 수를 놓고 있었다.

햇빛에 일렁이는 물결,
버블 소리와
호스를 타고 들려오는 숨소리.

하늘을 날 듯 헤엄치던 소년과 파란 별들이
몽환처럼 어우러져 잊히지 않는다.

작은 마을의 가난한 소년은
바다 아래에서 꿈을 그리고 있었다.

06 오래도록 곱게 물든

초등학교는 집에서 꽤 멀었다.

버스를 타고 어른들 엉덩이에
치이며 한참을 비틀거려야 하는
고난의 등굣길.

어느 날 아침,

줄을 서서 승합차를 타는 동네 친구를 만났다.

우리는 그를
빵빵이 아저씨라 불렀는데,

그날부터 히루도 빠짐없이
빵빵이 아저씨를 만났다.

아저씨는 늘 시동을 켜고
꼬마들을 향해 짧은 기도를 하셨는데

나를 포함한 대부분은
듣는 둥 마는 둥 떠들기에 바빴다.

점점 승객들이 불어나
어떤 날은 승합차가 빵빵하게 부풀어 보이기도 했다.

얼마 후
농네에 신설 학교가 들어서고
나는 전학을 갔다.

그리고 더이상 아저씨를 보지 못했다.

시간이 갈수록 희미해지는 기억이 대부분이지만
짙은 물이 들어 깊게 흔적을 남기는 것이 있다.

넉넉하지 않은 살림에도 선뜻 내 것을 나누어 주는 것.
누구도 알아주지 않는 일을 끝까지 책임지는 것.
나 아닌 다른 이를 위한 기도로 하루를 시작하는 것.

진심이어야 가능한 흔적들이 문득 떠오를 때면
20년이 훌쩍 넘은 지금까지 따스한 온기가 피어난다.

빵빵이 아저씨,
건강히 계신가요?
감사 인사도, 작별도 서툴렀던 꼬맹이입니다.
오래도록 마음에 곱게 물든 흔적을 남겨주셔서 늘 감사했어요.
덕분에 참 살만한 세상입니다.

07 너의 언어를 몰랐다

고양이를 가족으로 들이고 첫 겨울.
창밖의 눈부신 설경에 호들갑이 일어
녀석을 안고 밖으로 나갔다.

우리의 첫눈을 기념하자며
타이머까지 맞추고 사진을 찍었는데
지금 와서 당시 사진을 보면
코미디가 따로 없다.
질색하는 고양이와 좋아라 끌어안은 나.
극렬하게 대조된 둘의 표정에 웃음이 난다.

눈을 천천히 감았다 뜨는 애정 어린 너의 인사.
가만히 다가와 코끝을 맞추는 다정함.
꼬리 전체를 흔들어대는 짜증과
편안할 때 꼬리 끝을 살랑이는 것.
갸르릉과 으르릉 소리의 차이.

수많은 너의 언어를 그때는 하나도 알지 못했다.
너에게도 첫눈은 감동이겠거니
자꾸자꾸 안아주면 사랑이라 알겠지
제멋대로 오해한 채 거칠고 위협적이었다.
서투른 사랑은 이기적이다.

이런저런 반성으로 사진첩을 닫을 즈음
곁에 있던 이들이 떠오른다.

몹쓸 놈이라며 정리해 버린 사람들.
몹쓸 놈이 나라서 떠나 버린 사람들.
그럼에도 불구하고 옆에 남은 사람들.

그리고 이해라 착각했던 무수한 오해들로
다쳤을 서로가 어렴풋이 스친다.

서툴러서 그랬다.
그렇지만 우리가 함께 사랑하며 살길 바랐음은 진심이었다.

서로의 언어가 달랐을 뿐,
그 속에 보드라운 연한 살은 별반 다르지 않았음을
당신들이 알았으면 좋겠다.
그래만 준다면 바랄 것이 없겠다.

08 세상에 이해 못할 일이란 없다

좁은 도로에 비스듬히
세워진 승용차 한 대.

도로는 순식간에 짜증스러운
경적소리로 가득 찼다.

오래지 않아 주차된
차의 주인이 뛰어나왔다.

축 늘어진 아이를 업은 남자와
울음이 터진 여자.

찌르던 경적소리와 고함소리가 잦아든다.

세상에 이해 못할 일이란 없다.
다만 서로의 상황을 알지 못했을 뿐.

09 져도 돼

승리의 기쁨보다
버텨낸 후유증이 크다면
이번 판은 졌어야 했다.

져도 된다.
얼마든지.
기꺼이 져도 돼.

10 민감함은 사랑의 그림자였다

캄보디아 출장.
연일 비가 내려 일정이 지체됐다.

미뤄진 시간만큼 결과가 부진할까 조바심이 난다.
덥고 습한 공기에 숨이 막힌다.
땀에 절어 축축한 옷이 몸을 휘감는다.
다른 동료들은 태연한데 나만 걱정으로
태산을 쌓다 짜증이 슬근슬근 오른다.

민감한 것은 지랄맞은 일이다.

조용히 묻어가고 싶은 때에 날이 서기 시작하면
'괜찮아. 별일 아냐.'하며 수십 번을 갈아내도
정수리에 바늘통이 쏟아진 듯 따끔따끔 감정이 곤두선다.

가끔 똥배짱으로 큰소리를 내기도 하는데
그러고 나면 피곤한 사람으로 낙인찍혔을까
나 때문에 분위기가 흐려졌을까
민감한 물음들이 끝없이 떠올라 밤잠을 설친다.

어쩌면 민감함은 사랑과 꽤 닮은 구석이 있다.
민감한 촉수는 자주 상대의 마음을 더듬는다.
불편함을 숨긴 누군가를 귀신같이 찾아내어
옆자리의 당신을 외롭게 두지 않는다.

출장 마지막 날.
바다 위 선박에서 단체 사진을 찍었다.
대부분은 카메라를 향해 웃고 있는데
혼자 캄보디아 소년의 맨발을 보고 있다.
태양에 달구어진 철판 위,
한 발 한 발을 번갈아 디디며 승객들의 잔심부름을 돕던 소년.
사진 속 나는 그의 맨발이 뜨거울까 염려하고 있었다.

때로는 종을 넘어 발휘되기도 한다.
반려묘의 눈빛, 나지막한 꼬리의 흔들림도
놓치지 않고 깊이 살핀다.
덕분에 나의 늙은 고양이는 평생을 무병하며
잘 먹고 잘 살고 있다.

영화나 미술작품을 볼 때도 마찬가지.
폭발하는 수만의 감정들이 뒤섞여 감동으로 범벅되는 황홀경을
나는 무척이나 사랑한다.

돌이켜보면 늘 그랬다.
민감해서 사랑이 되고, 사랑해서 민감해졌다.

민감함은 사랑의 흔적. 사랑의 그림자.
지랄맞지만 안아주고픈 나의 일부.

사진 속, 나와 소년의 발을 번갈아 바라보던 중
의기소침하게 컴컴한 나의 방에 따뜻한 빛이 스며든다.

PART

3

내 눈에
예쁜 꽃이면
되었다

01 늙은 소녀

할머니는 할아버지께
토라지곤 하셨다.

나는 어쩐지 그 모습이 싫지 않았다.

나의 할미니가 두꺼운 세월 속,
딱딱하게 굳은 노인 같지 않아 기뻤다.

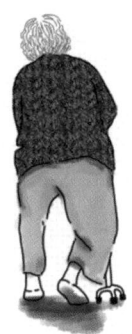

시들어버린 노친네가 아니라

그저 '늙은 소녀' 같아 예뻤다.

할머니는 주름진 손끝마다

봉숭아 물을 들이셨는데

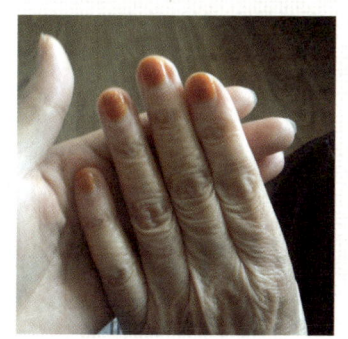

고운 다홍빛을 한참 쓰다듬다가
사진을 찍어두었다.

나의 늙은 소녀가
영원히 늙지 않기를 바라면서.

02 한없이 약한 당신

매일같이 막걸리에 취해서는
사업 실패 후 재기 못한 무능한 인간.
소파에 누워 밤낮으로 허무맹랑한 소설책만 읽는
한심한 남자.

나는 아버지의 부재를 형편없는 수식어로 위안해왔다.
'그래 그런 아버지는 없는 게 나아.
잘 됐다. 자알 되었다!!'

아버지를 닮았다는 말이 싫었다.
발끈하며 대들기도 했다.

약해 보였다.
남자가 꼴사납게 여려빠져서는 멋이라곤 하나 없어 보였다.

오랜만에 뵌 아버지의 옛 친구분.
"느이 아버지는 어려운 사람한테 인정이 많았다."
육십이 넘은 주름진 남자의 눈이 벌겋게 젖어들었다.

다른 이의 기억 속 아버지는 그랬다.

약자에게는 한없이 약하고 강자에게는 쥐뿔도 없는 주제에
큰소리치는 의리 있고 정의로운 남자.

그런 남자가 내 아버지였단다.
아버지가 내게 보였던 눈물의 의미가 조금은 또렷해진다.

쥐뿔도 없는 주제에 큰소리치는 딸이라
당신은 내게 한없이 약한 존재였다.

아버지,
아버지 계신 곳은 어떤가요.

나비처럼 보드라운 사람들과 어울리며
한없이 약한 당신만으로도 괜찮은 곳이길.
그래도 행복한 곳이길.
나는 바랍니다.

03 세상이 무너져도

마음처럼 되지 않는 세상도

초라한 스스로도 싫어서

악을 쓰며 소리를 질러버렸다.

다음날 아침,

아침 밥상을 보는 순간
화가 나서 참을 수가 없었다.

세상이 무너져도 마지막 남을

유일한 내 편에게

마음 놓고 화풀이해버린 내가   너무나도 미워서. 못나고 비겁해서.
                               미안해서, 감사해서.

밥맛이 씁쓸하여 씹을수록
눈물이 났다.

04 엄마의 그런 딸

엄마는 좀체 다정다감한 구석이 없어.
칭찬하고 토닥이고 이런 거랑은 거리가 멀지.

대쪽같은 엄마는 징징대는 딸이 못마땅한가 봐.
내가 없어져도 눈 하나 깜짝 안 할 거야.

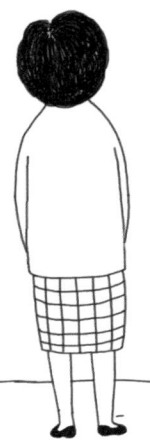

"언니야, 엄마는 맨날 언니 자랑만 한다."
동생이 엄마의 휴대폰을 들이민다.

엄마의 SNS 대화방.
동창들, 가족들이며 계 모임에까지
나의 글과 그림을 보내고는

"우리 큰딸이 그린 거야."

낯간지러운 말 한마디 못하는 천하의 무뚝뚝한 아줌마가
볼 것 없는 딸을 두고 자랑하는 모습에
가슴이 시큰하다.

징징대는 못난이는
언제고 엄마의 자랑이었다.

나는 그런 딸이었다.

05 나의 첫사랑

내가 처음으로 눈을 뜨던 날.

나를 향해 미소 짓는 남자가 있었다.

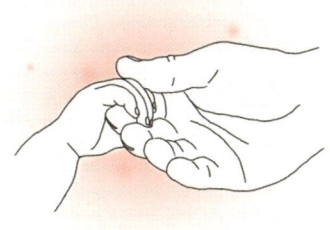

그는 조심스레 내 손을 잡았고
'따뜻함'은 내 생에 첫 촉감이었다.

두근대는 내 인생의 첫 무대.   눈물이 찔끔했던 첫 바이킹.

별처럼 쏟아지는 첫 여행의 기억.

나의 '처음'에는 어김없이
그 남자가 있었다.

서투른 나를 변함없이 지켜준
나의 첫 남자.

나의 첫사랑은 아버지였다.

06 못생긴 기지배들

내 친구 미니미는 소심하고 눈치를 많이 본다.
그래서 마음 결이 섬세하고 보드랍다.

나도 잊고 사는 내 생일을
꼭 챙기는 상냥한 여자다.

처키는 들쭉날쭉 다혈질이다.
그래서 함께 대화하면 따뜻하다.

온 마음으로 나의 감정을 흡수하고 나와 닮은 눈물을 흘린다.
그녀의 위로는 언제나 완벽하다.

안경태는 말도 못 할 황소고집이다.
그래서 쉬이 흔들리지 않는다.

그녀의 튼튼한 신념은 내게
오래도록 안정감 있는 그늘을 주었고,
앞으로도 변치 않을 예정이다.

독설 마녀 효댕이는 거울이 되어 주고
우유부단 임 씨는 내 결정을 존중해준다.
투덜이는 귀엽고 할매는 푸근하다.

친구의 못생긴 부분이
고맙고 예쁘단 것을
사실 나는 다 안다.
기지배들 몰래 다- 알고 있었다.

07 부장님의 아재 개그

우리 부장님은 엘사다. 부장님의 개그는 회의실을

시베리아 냉골로 얼려비린다.

노잼 중에 핵 노잼

노잼계의 끝판 대장이다.

심드렁하게 웃으며
부장님을 바라보다 드는 생각.

이토록 재미없는 회사를 지루하게 한결같았을 부장님.
꼬박 이십 년.

그렇게 숭년이 훌쩍 넘은 아저씨도

어린 부하 직원들이

결코 쉽지 않겠다.

끊임없이 시도한 아재 개그는

무던히 고개 숙여 눈 맞추려는

노력이겠구나.

생각할수록 다정한 마음이 든다.

08 착하지 않아도 괜찮아

9살 생일,
롤러스케이트를 선물 받았다.
한달음에 사촌 네 자랑을 하러 갔다.

사촌 오빠도 질세라 자신의
롤러스케이트를 꺼냈고,

둘은 신나게 롤러를 밀며
동네를 돌았다.

스케이트가 없던 연년생 사촌 동생은
뜀박질로 우리를 쫓았다.

나는 흘깃 돌아봤지만

이내 모르는 척 발을 굴러 속도를 냈다.

사촌 동생 선이는
늘 선뜻선뜻 양보하던 아이.
제 몫이 적어도 괜찮고,
한참을 기다려도 괜찮아 보였다.
어른들은 줄곧 선이를 착하다 했다.

참말인 것이
일일이 손꼽아 기억을 되짚어도
선이는 늘 속없이 착했다.

"넌 참 착해." 하니까
"사실 나 안 착해." 한다.
착하기 위해 참아냈던 순간들이
결코 쉽지 않았다 한다.
자신도 얼마든지 욕심나고 화도 났다고.

미안했다.
선이의 착함이 당연해진 오랫동안
무던히 제 것 깎는 줄은 몰랐다.

그 깊은 속에 빈 곳이 듬성하겠다.
자주 억울하고 답답했겠다.

착하다는 칭찬.
선이에게는 늘 서운한 말이었겠다.

함부로 뱉어진 칭찬은
못 돼먹은 땡깡 피울 기회조차 앗았으리라.

자꾸자꾸 뜀박질로 쫓아오던 선이가 떠오른다.

생각해봤는데
너랑 나, 한 발에 스케이트 한 짝씩
나눠 신어도 즐거웠을 것 같더라.

그래. 우리는 그게 더 행복한 게 맞더라.
그러니까 착하지 않아도 괜찮아.
충분히 괜찮아.

09 내 눈에 예쁜 꽃이면 되었다

나는 칭찬에 매달리곤 했다.

부모님께는 그럴싸한 딸이고 싶었다.
애인에게는 끊임없이 내가 예쁜지를 물었고,
직장에서는 다재다능한 만능 사원을 꿈꿨다.

돌아오는 답변에 거뜬히 힘이 나고 쉽게도 무너졌다.

갈대처럼 흔들렸다.
누군가의 인정이 목표가 되고 내 마음은 묵살되기 일쑤였다.

의기소침해진 나는 자주 삐치고 서러웠다.

그러다가 어느 날 문득 드는 생각.
"나 좋으면 그만인 인생, 뭐 그리 복잡하게 살아?"

그즈음부터 나는 조금씩 바뀌었다.

거울을 보며 입술을 우- 하고 오므려
앤젤리나 졸리같이 섹시하다고 한다.

어려운 인연은 미루어 두고
내 마음이 괜찮은지 우선으로 진찰한다.

그럼에도 바르게 살려 노력하는 나라서 괜찮다고
이쯤 하면 애썼다며 합리화도 곧잘 한다.

내 눈에 예쁜 꽃이면 되었다.
나는 결국… 행복하게 살면 그만이다.

10 우리가 사랑에 실패하는 이유

우리가 사랑에 실패하는 이유는
갈증 나는 순간에만 절실해지기 때문.

그래서 그토록 많은 사랑 노래들이
호기심으로 설레는 사랑의 시작과
이별 후의 그리움, 가슴 시린 짝사랑 같은
목 타는 감정만을 읊조리나 보다.

늘 충분해서 지극히 당연한 사랑은
퇴색한 보석처럼 빛을 잃어 보인다.

그 빛이 완전히 사라져야
비로소 어둠이 아파진다는 것은 참으로 애석한 일이다.

하여, 어리석은 우리는 또다시 사랑에 실패한다.
그리고 어쩔 수 없이 외롭다.

주섬주섬 생각을 정리하며
당장에 주머니를 뒤적거린다.

'녹이 슨 것'을 꺼내 입김을 불어다가
소매 끝으로 문지르고 닦아본다.

그렇게 한참을 들여다보니 반짝하는 빛이 돈다.
맞다. 틀림없이 맞다.

지루하게 곁에 있는 당신은
여전히 귀한 나의 보석이 맞다.

11 하나

검사 후,

할미니는 굳은 얼굴로 물었다.   중얼대는 혼잣말에 두려움이 스친다.

검사 결과를 차치하더라도
할머니는 확연히 달라졌다.

자꾸만 넘어지고

실수하고   느려졌다.

구부려 앉은 모습이
아기처럼 여리고 작다.

늙는다는 것은

본래의 모습으로
돌아가는 것과 닮아 보였다.

점차 서툴러지고
서서히 지워지는 과정일지 모른다.

우리 손주꺼…

변치 않을 하나만 남겨둔 채.

PART

4

누구나
꽃을
품고 산다

01 어른 아이템

어려서는 그렇게 생각했다.

어른들은 어찌 저리
복잡하고 지루한 일들을 해내나.

나이가 들면 저절로 능력치가 올라
'어른 아이템' 같은 게
장착되나 싶었다.

고3 언니가 되면 지옥 같은
입시를 치러 낼 인내심이 생기고

회사원은 평생을 아침 일찍 일어나
출근하는 얼리 버드 아이템을 겟하고

보험, 공과금, 보증금 등의
복잡다단한 어른 용어도
자연스레 알게 될 거라 믿었다.

결혼 하는 순간,
집안일에 능숙한
아줌마로 변신할 줄 알았고

임산부가 되면 당장에
제 자식을 위해 목숨 바칠 만큼의
모성애가 툭 하고 떨어지는 줄 알았다.

살아보니
인생은 너무나도 야박하여
어느 것 하나 저절로 주지 않았다.

매 순간,
철없는 스스로를 무던히 달래어
그럴듯한 어른이 되어야 했다.

문득 두려웠다.
'늙는다'는 어렴풋이 버거운 과정도
순리적으로 쉬울 리 없겠구나.

무수한 성숙의 과정을
단단하게 앞서가신 부모님, 할머님.

그들을 보노라면
다시 한번 고개 숙여 존경을 표한다.
태연하게 늙어간 세상의 어른들이 새삼 경이롭다.

02 누구나 꽃을 품고 산다

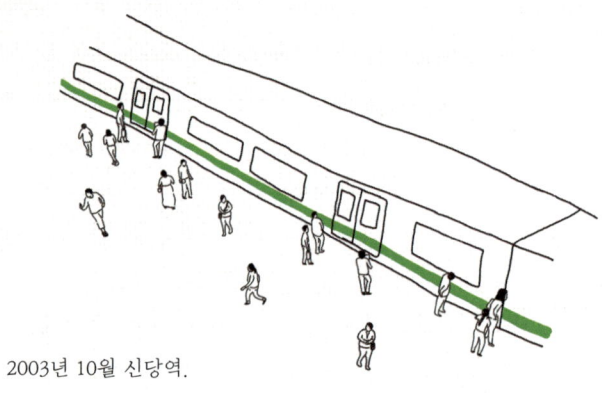

2003년 10월 신당역.

역사 안 시민들이
열차로 달려왔다.

나이 지긋한 어르신부터
핸드백을 벗어던진 아가씨까지
열차를 밀기 시작했다.

비명소리는
일사불란한 구호로 바뀌었고

거대한 고철이 배를 뒤집었다.
기적처럼.

세월호 침몰에 국민들은 노란 리본을 달았다.

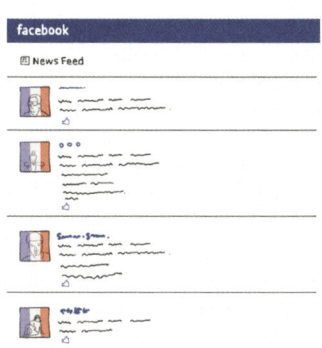

파리의 테러를 본 전 세계인들은
SNS 프로필에 프랑스 국기를 내걸었다.

누군가의 아픔을 마주할 때
사람들은 앞다투어 따뜻한 마음을 꺼낸다.

그들이 품고 살던 꽃이 피는 순간
나는 이상하게도 울음이 난다.

03 나조차도 내 편일 수 없는 순간이 있다

살다 보면
나조차도 내 편일 수 없는 순간이 있다.
그럴 때면 마음 깊은 곳에 구멍이 난다.

구멍은 점차 거대해져
아스팔트로 얇게 도배한 싱크홀처럼
속절없이 무너지고 만다.

그래서 나에게는 당신이 필요하다.
서로의 어둠을 찬찬히 두드려
마침맞게 다져줄 우리가 필요하다.

당신은 가족이나 연인, 친구,
어쩌면 단골 식당의 아주머니,
지나가는 길 고양이일 수도 있다.

그렇지만 변치 않는 하나.
사랑이라 불리는 누군가이다.

살다 보면
나조차도 내 편일 수 없는 순간이 있다.

그래서 우리는 이토록 불완전한 서로를
연민하고 사랑하며 살게 되었는지 모른다.

04 물음표

무서워요.
걱정돼요.
아파요.
두려워요.
눈물이 나요.
지켜줘요.

무서워요?
걱정돼요?
아파요?
두려워요?
눈물이 나요?
지켜줘요?

물음표 하나에 조금 나아지더라.

05 다행이다

쏟아지는 격려와

만만찮은 우려.

낯선 공기에
압도되어

미생의 삶이
시작되던 때,

동기 미생들 사이에
자주 하던 말이 있다.

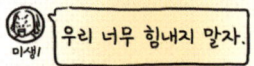 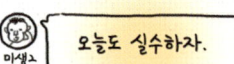

열 번의 파이팅보다
완벽한 그 한마디에

빳빳한 마음이 녹더라.

그들이 있어 다행이다.

나 혼자만
찌질이 똘추가 아니어서…!

06 당신도 그런 적 있나요

비 오는 날 우산을 접어본 적 있나요.
버스에서 흐르는 음악에 취해 정류장을 지나친 적 있나요.
당신의 심장이 쿵쿵 뛰는 소리를 들어본 적,
온 얼굴의 근육이 기쁨으로 만개한 적 있나요.
그렇다면 천둥같이 큰 소리로 울어본 적은요….

대책 없이 뜨거웠다가 흠뻑 젖었다가
마음 놓고 녹아내리고 푹 빠져서 허우적대고
숨이 막혀 죽을 것처럼 하늘을 날아본 적.

당신도 그런 적 있나요.

07 비밀기지

어린 나는 나만의
공간을 만들곤 했다.

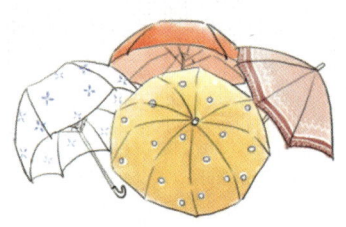

동그랗게 둘러싼 우산 속,

이불 덮인 책상 아래.   적당한 크기의 어둠 안에 웅크리고 앉아
완벽한 아늑함을 느끼던 기억이 난다.

집 밖에서도 꽤 근사한
공간들을 찾아냈는데

나는 그것들을 '비밀기지'라 칭했다.

대형 배수구　　　　　건물 틈새

버려진 스티로폼 더미 사이나　　보일러실 천막 아래 같은
　　　　　　　　　　　　　　　이름 없는 장소들.

'비밀기지'라는 거창한 직분에 비해
궁색한 그곳들을 떠올리면 웃음이 난다.

욕조에 따뜻한 물을 받고 향초를 켠다.
인적이 드문 동네에 작은 북카페를 발견한다.
우연찮게 알게 된 무명 인디밴드의 노래를 검색한다.

혼자여서 충분한 곳,
시시해서 은은한 것.
소박하게 완벽한 것들이 주는 안정감을 찾을 때면
문득 그때의 비밀기지가 떠오른다.

나는 어른이 되어서도 여전히
'비밀기지'를 수집하며 살아가는지 모른다.

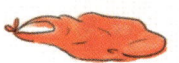

08 부모라는 우주

초등학생이었던 나는 곧잘 시 낭송을 했는데
여간 잔망스럽잖은 연기로 상을 받곤 했다.
그러다 구청에서 주최하는
제법 큰 무대에 서게 되었다.

운동장만큼 큰 홀에 사람이 가득하고
키보다 훌쩍 높은 무대를 보니
자꾸 오줌이 마려웠다.

한 명 한 명 순서가 가까워 올 때마다
외워둔 시를 중얼대며 눈을 감았다.
내 이름이 불리고 심장이 쿵…
드디어 무대에 올랐다.

나는 급히 청중을 훑어
객석에 앉은 엄마를 찾아냈다.
수많은 사람들이 까맣게 흐려지고
엄마만 보였다.

연습한 대로 한 줄 한 줄 짚어가다가
다음 시구가 기억나지 않았다.
나는 숨이 멎은 표정으로 굳어버렸다.
어떻게 하지.

모든 것이 정지한 지구에서
엄마를 본다.
엄마의 미소가
빠르게 식는다.

아,
망했다.

까매진다.
머릿속도,
청중들도,
무대도,
나도.

어린 나에게 부모는 우주였다.
세상이 무너지는 위험이 와도
내 부모가 괜찮다 하면 괜찮은 줄 알았다.

그래서 온몸이 떨리는 무대 위라도
엄마를 보면 견딜 만했다.

그런데 엄마의 표정이 흔들리는 순간
내 모든 것이 무너져 내렸다.

그러고 보면
부모는 얼마나 전능한 존재인가.

부모라는 튼튼한 우주 안에서
한 아이의 안정감이 건재할 수 있다.

흔들림 없이 자란 아이는
자신감 있는 어른으로 성장하고
또 튼튼한 우주가 되어 아이를 낳고
그 아이가 성장해서 또 아이를 낳고.

나만을 위해 필요하다 믿었던
건강한 자존감, 지혜, 신념들이
세대를 거쳐 대물림 할 유산이 될지 모른다는 생각에
묵직한 책임감을 느낀다.

엉킨 생각들을 차분하게 정리하고
나는 조용히 중얼거렸다.

"튼튼한 우주가 될게. 꼭."

09 아직 외로움을 극복하지 못했다

이십 대에는 연애하지 않고는 살 수가 없었다.

애타는 열정이 시들해질 때면
식어버린 사랑을 탓하며 부리나케 헤어졌고
당장에 새로운 상대를 찾느라 애를 썼다.

나는 줄곧 미칠 듯이 외로웠다.
혼자라는 감정은 버거웠고
채워 줄 누군가가 끝없이 필요했다.

지금 와 그때의 나를 떠올리면
터져나갈 강둑에서 이 돌 저 돌 마구잡이로 붙들어 막으며
온몸으로 버티고 선 위태로운 모습이다.

안타깝고 안됐다.

치기 어린 과거를 자백하는 것이 아니다.
그렇게밖에 할 수 없었던 그때의 나를
충분히 이해하고 연민한다.

더 가혹한 고백을 하자면
나는 아직 외롭다.
그리고 여전히 극복하는 법을 모른다.

다만, 전보다 나아진 것이라면
외로움을 차근차근 마주하기 시작했다는 것.

알 수 없는 것은 불안을 일으킨다.
하여 알 수 없는 미래는, 삶은 불안한 것이 맞다.

연약한 순간이면 불안은 산불처럼 번져
혼자서는 당최 자신이 없어진다.

그럴 때,
도와줄 누군가를 찾아 생떼 부리고 싶어지는 것.
그것이 외로움인가 싶다.

그러고 보면
살아있는 모두에게 삶이란 버거울 테다.
그래서 우리는 모두 공평하게 외롭다.

외로움은 살아있기에 주어진 자연스러운 감정일뿐
비련에 젖어 유난 떨 일이 아니다.

10 우리에게 필요한 것

수능 날.
1교시 종료종이 울리고
뒤쪽에서 다급하게 울음 섞인 절규가 들렸다.

"잠깐만요! 저 삼수생이란 말이에요!! 제발요."

마킹을 채 끝내지 못했나 보다.
답안지를 거둔 감독관의 한쪽 다리를 붙잡고
바닥을 기듯 질질 끌려가던 여학생.

나 역시 별반 다를 바 없는 심정이었지만,
저 언니는 한 번만 봐줬으면 싶었다.

잠깐의 연민이 무색하게
2교시를 알리는 종이 쩌렁하게 울렸고
교실은 아무 일 없었다는 듯 고요해졌다.
그리고 나를 포함한 모두는 각자의 문제에 집중했디.

내 목숨 달린 절박함에 비하면
옆 사람의 아픔은 아무 일도 아니었다.

서늘하다.
그리고 이내 서글프다.

이기심을 탓하자는 게 아니다.
무엇이 우리를 그렇게 몰았는지 묻고 싶다.

왜 자꾸 외로운 전장에 홀로 서야 하는 건지
무엇 때문에 절박하게 사는지를 묻고 싶다.

숙제를 끝내지 못한 초등학생이
고층 아파트에서 몸을 던졌다.
수능이 끝나면 매년 자살하는
소년 소녀들의 기사가 헤드라인이 된다.

살면서 힘이 되는 기억은
고득점으로 획득한 합격 통지서,
모두가 부러워한 수상 경력이나
대기업 취업이 아니었다.

따스한 봄 햇살, 노을 진 하늘,
가족들과의 저녁 식사, 오랜 친구와의 수다 같은
너무나도 은은해서 굳이 기억하지 않았던 기억들이다.
돌아보고 되짚을수록 다채로운 빛이 나는.

우리에게 필요한 것은
어떠한 전장에서도 이길 수 있는 강철같은 전술보다
어떤 일이 있어도 행복하리라는 강철같은 자신감이지 않은가.

그때로 돌아가
울고 있던 삼수생의 어깨를 토닥이며 건네고픈 말.

시험 따위가 너의 행복을 막을 수 없다.
지금의 아픔이 무색할 만큼 풍요로운 별들이
남은 인생 저 끝까지 은은하게 빛나고 있다.

그러니,
너는 어떤 일이 있어도 행복하다.

PART
5

오늘은
달다

01 나를 비춘 핀 라이트

누군가 알게 될까 걱정했던 일이   조용히 사그라들었다거나

내게는 천지 개벽할 변화를

아무도 몰라봤다거나

눈치껏 노력해도   남는 게 없다면….

나를 비춘 핀 라이트는 착각이다.
세상은 생각보다 내게 무심하곤 했다.

그러니까 기를 쓰고
연기하지 않아도 괜찮다.

서운하다가도
참 다행이다 싶다.

02 부정적 상상

부정적인 상상들이
부풀어 오르는 때가 있다.

이를테면 비행기가
이륙하는 순간,

독한 상상들이
스멀스멀 떠오르곤 한다.

부정(否定)적 상상에 부정(不淨) 탈까
생각을 멈추려 애를 쓰지만,

수위 조절에 실패한 상상들은 주체할 수 없이 커져 버린다.

밀폐된 공간이나

놀이공원

중요한 날을 앞두거나

혼자 있는 순간에도

연약한 불안에 불씨를 지피는 것은
나의 상상일 뿐이었다.

최악의 상상들은
허무하게 사그라들고

나는 여전히 건재하다.

그리고 보면
걱정한 것보다는
늘 살만한 세상이었다 싶다.

03 우리는 다시 아이가 된다

인생의 수많은 문턱 앞에서
우리는 매번 아이가 되곤 한다.

노란 옷의 유치원생처럼

누군가의 지도 아래
새로운 배움이 시작된다.

아이의 서투름은
주위의 배려를 받고

수많은 관문을 거쳐

다시금 어른으로 성장한다.

아이가 상상한 어른의 삶은 너무나도 달콤했지만,

인생은 결코 생각만큼 만만치 않음을 알게 된다.

우리는 이토록 서투르고 어설플지라도

주춤주춤 내일을 기대하면서
그렇게 살아가는 중이다.

04 헬로 먼데이

아침이다.

심지어 월요일이다.

휴일의 단꿈이 아쉬워
비비적대지만,

이내 벼락같은 아침을 시작한다.

식사는커녕,

채 마르지 않아 축축한
머리를 털어내며

집을 나선다.

오늘도 여지없이

결코 녹록지 않은
아침을 마주해낸 것은

약속된 시간,

변함없이 그 자리에 있어 줄 사람.

그래서 충분히 믿을만한

당신이란 증거다.

참 예쁜 당신,
헬로 먼데이.

05 그런 날이 있다

그런 날이 있다.

온몸에 한기가 들고
콧물이 찔찔 나

자꾸만 집 생각이 나는 날.

정신 없이 밀려오는 업무에

좀체 스스로를 돌볼 수 없는 날.

어쩐지 서러워서

슬쩍 눈물이 나는 그런 날.

눈치라곤 1도 없는

천하의 무뚝뚝한 나의 사수가

하염없이 고마워서

뜨끈하게 코 끝이 찡한

그런 날이 있다.

06 혼자의 시간

편백 욕조 트레이를 장만했다.
그냥 저렴한 플라스틱으로 살까 싶어
몇 번을 주저하다 구입한 무려 4만 원짜리 사치품이다.

트레이 위에 핸드폰과 결명자차 한잔을 올려놓고
욕조에 미지근한 물을 받는다.

한 평 남짓한 욕실.
편백 향이 은은하게 피어난다.
핸드폰에서는 이름 모를 밴드의 노래가 잔잔하게 흐르고,
물결 부딪히는 소리가 타일 벽에 닿아 공명한다.

나의 작은 공간이 느긋한 것들로 가득 차면
나는 눈을 감았다가 발꼬락을 접었다 폈다가
정수리까지 담가 잠수했다가 하면서
아무렇게나 혼자를 즐긴다.

큰마음 먹고 산 욕조 트레이 덕에
혼자를 위한 시간이 더없이 완벽해졌다.

07 나를 수집

몇 차례의 출판 제안이 있었다.
몇 차례 미팅도 했다.

"달다의 의미가 뭔가요?"
"관심사가 뭔가요?"
"어떤 책을 쓰고 싶지요?"

에디터의 잇따른 질문에 뭐라고 답했더라.
멍한 표정으로 버벅댔거나
이리저리 살을 붙여 보기 좋게 둘러댔거나.
이러나저러나 썩 좋은 답변은 없었다.

솔직하자면
달다라는 이름은 그냥 별 의미 없다.

친구와 카페에서 낄낄대며 떠들다가
좋다 좋다 손뼉 치며 생각해낸
삼천오백 원짜리 커피만큼 가벼운 이름이다.

광고 회사에 다닐 때
광고주를 (광고)주님이라 칭하며
주님의 말씀과 어투의 뉘앙스,
망극하신 장점과 송구스러운 단점,
오늘의 기분과 내일의 변덕까지
예측하고 파악하고 고민하고 생각하고 또 되뇌었다.

남 생각은 죽어라 해놓고는
나에 대한 무심함이 마음 떠난 옛 애인만큼이나 썰렁하다.

나는 이내 나와 달다에게 미안해졌다.

오늘 나는 카페에 간다.
끄적거릴 수첩과 첫 장만 읽다 미뤄뒀던 책 한 권을 들고
구석지고 조용한 자리에 앉아
삼천오백 원의 시간을 오롯이 나를 위해 쓰기로 한다.

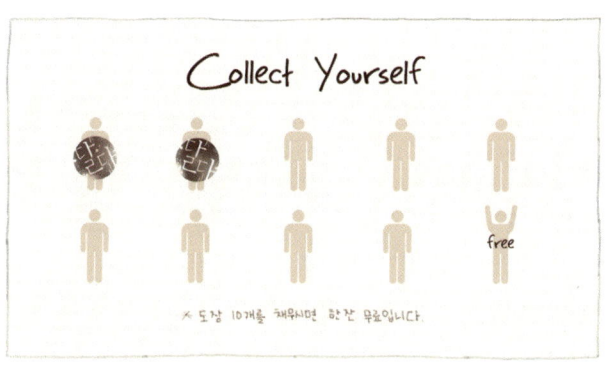

커피 쿠폰의 도장을 모으듯
먼지처럼 부유하던 나를 모으기로 한다.

그리고 언젠가는
도장이 꽉 찬 쿠폰을 내밀며
또렷하게 말하기로 한다.

"커피 한 잔 주세요.
달.콤.한.걸.로.요."

08 영혼을 기다리는 시간

나는 줄곧 휑한 무대에 덩그러니 나를 세웠다.
관중들의 반응을 살피며 혼신의 힘을 다해 연기했다.
영악한 머리로는 적절한 타이밍을 살펴
멋들어지게 폭죽을 터뜨려 박수를 받아내기도 했다.

그러던 중 나의 무대는 위기를 맞았다.
환호 없는 무대는 초조했고 흩어지는 연기처럼 무의미했다.
그리고, 나는 달리기를 멈추었다.

전부였던 회사부터 어설픈 자기계발까지
끊임없이 휘두르던 채찍을 내려놓았다.

인디언들은 광야를 달리다 멈추어 서서
달려온 길을 바라본다고 한다.

돌아서 본다.
무정하게 멀리도 왔다.
질주해온 길 끝에 아스라이 점처럼 작은 내가 보인다.
지금의 나는 두 팔을 벌리고 섰다.
저만치 따라오는 내 영혼을 힘껏 안아주려고.

끌어안은 그의 귀에다 속삭이듯 부탁도 해볼 참이다.

앞서거니 뒤서거니 하면서도 '나의 곁'을 지켜달라고.
나의 '진짜 관객'이 되어달라고.

미처 따라오지 못한 자신의 영혼을
기다리는 시간이라고.

09 문득, 너의 무심함이 좋다

너는 지난번에 갔던 김치찌개 집이 어떠냐 물었다.
붉은 거품이 부글대며 끓어오르는 모습을 떠올리니
입맛이 돈다.

우리가 들어서자
종업원은 앞치마에 물 묻은 손을 닦으며
주방 밖으로 고개를 내민다.

그녀가 우리 앞까지 마중하는 수고로움을 덜어주려
"김치찌개 2인분이요!" 외치고 자리에 앉았다.

나는 누운 듯이 앉아 핸드폰 액정을 쓱쓱 문댔다.
그리고는 운동화에서 냄새가 나는 것 같다며 중얼거렸다.
너는 흘깃 보더니 기억도 나지 않을 대답을 했다.

김치찌개가 끓는다.
너는 휘적휘적 국자로 저어 내 몫을 먼저 덜어준다.
나는 밍하니 뒤섞이는 국물을 바라본다.

아무렇게나 찌그러진 양은 냄비에 김치찌개.
어제도 오늘도 다를 것 없이 내 옆에 있는 너.
나는 문득 그런 무심함이 편안하다 느꼈다.

10 그런 것일지 모른다

나는 식사가 좋다.
정확하게 말하자면 식사 중의 순간들이 좋다.

김이 피어오르는 따뜻함을
바라보는 게 좋다.

매콤하고 달콤한 향에 설레거나
그릇의 정갈한 빛깔을 살피는 일도 좋다.

젓가락으로 먹기 좋게 조각내고
입안에서 골고루 뒤섞으며 천천히 씹고

마주 앉은 사람에게
찌개를 덜어주는 것도….

달그락거리는 소리,
간간이 뒤섞이는 담소.

식탁을 감싸고 흐르는 공기까지.

식사의 최종 목적은 배부름이지만,
나는 식사 중에 만발하는 감정들을 사랑한다.

어쩌면 행복은 그런 것일지 모르겠다.

목적지에 꽂힌 깃발이 아니라,
살면서 마주하는 무수한 감정의 조각들.

내가 사랑하는 조각을 하나하나 모아다가
가슴 깊이 품어보는 것.

행복은 그런것일지 모른다.
어렴풋한 생각에 나는 조금 행복해졌다.

에필로그

행복해질 나를 믿는다

나는 얼핏 청개구리였지만
실은 어른들을 꽤 그럴듯한 존재라 믿었다.
그들은 능숙하고 현란하게 어려운 일을 해냈고
분명 우월한 존재였다.

그런 어른들이 칭찬해주면
멋들어진 존재로 인정받은 듯 으쓱해졌다.

짐작건대
그즈음부터 누군가의 인정이 행복이라 믿기 시작한 것 같다.
열망은 점점 커져 가쁘게 세상이 인정하는 것을 좇았다.

열등감, 자괴감, 부러움, 질투, 서운함.
불안한 것들이 번갈아 휘몰아치는 격정의 이십 대를 보내고
그럴 기운조차 소진된 삼십 대의 문턱에서
쓰나미 잔해처럼 뒤엉켜 무너지는 나를 보았다.

깜빡깜빡. 빨간 비상등이 켜진다.

괴로웠다. 원망하고 자책했다.
이따위로 살아봤자 불행할 거 그냥 콱 죽어버릴까 보다.

죽겠다는 으름장으로 친구를 불러다 고민을 털어놓았다.
한참 열을 내는 중
더는 못 듣겠다는 듯 친구의 미간이 찌그러진다.

"왜 네 이야기는 하나 없냐.
죄 남들 시선에서의 너뿐이네."

코끼리 방귀 뀌는 소리보다 시시한 이야기를 들은 마냥
심드렁한 친구의 반응에 당황했다.

그러고는 이내 민망해져 입을 닫았다.
후의 대화는 하얗게 기억이 없다.

속절없이 몇 달이 지났다.
지친 사람들의 숨 냄새로 후텁지근한 퇴근 버스.
라디오에서 심리학자인지 뭔지가 끝없이 주절주절.
목소리가 희미하게 들렸다 끊어졌다 한다.

"사람들은 행복이 목표인 줄 알아요.
경쟁해서 성취하는 보상으로요."

기묘한 우연처럼
일순간에 또렷또렷 선명해진 목소리는
구절마다 필연으로 가슴에 박혔다.

근래에 사들인 난해한 인문학 도서들,
성적표와 엄마,
친구의 미간 사이 주름,
코끼리 방귀 같은 것들이
마구잡이로 떠올라 뒤섞였고
포기한 퍼즐의 도안이
어렴풋이 그려질 것 같았다.

그즈음이 드디어
내게 행복을 묻기 시작한 시점.
무수히 돌고 돌아 결국 내 앞에 선 날이다.

지금의 나는 자주 미세한 나의 감정을 진찰하고
다정한 대화를 건넨다.
어떤 날은 눈물이 많은 스스로를 염려해
심각하게 내 눈물의 역사를 모조리 되짚느라
밤을 꼬박 새운 적도 있다.

죽을 때까지 함께 할 나의 단짝,
절대 지원군,
전용 주치의,
평생 배신 없을 내 편,
나.

깊숙하게
뜨겁고 묵직한
무언가가 차오르는 기분이 든다.

나는 행복해질 나를 믿는다.

KI신서 7572
오늘은 달다.
어제는 지랄맞았지만,

1판 1쇄 발행 2018년 7월 5일
1판 4쇄 발행 2023년 10월 1일

지은이 달다
펴낸이 김영곤 펴낸곳 (주)북이십일 21세기북스
디자인 elephantswimming
출판마케팅영업본부 본부장 한충희
출판영업팀 최명열 김다운 김도연
제작팀 이영민 권경민

출판등록 2000년 5월 6일 제406-2003-061호
주소 (10881) 경기도 파주시 회동길 201(문발동)
대표전화 031-955-2100 팩스 031-955-2151 이메일 book21@book21.co.kr

(주)북이십일 경계를 허무는 콘텐츠 리더

21세기북스 채널에서 도서 정보와 다양한 영상자료, 이벤트를 만나세요!
페이스북 facebook.com/jiinpill21   **포스트** post.naver.com/21c_editors
인스타그램 instagram.com/jiinpill21   **홈페이지** www.book21.com
유튜브 www.youtube.com/book21pub

서울대 가지 않아도 들을 수 있는 **명강**의! <서가명강>
유튜브, 네이버, 팟캐스트에서 '**서가명강**'을 검색해보세요!

ⓒ 달다 2018

ISBN 978-89-509-7619-4 03810

책값은 뒤표지에 있습니다.
이 책 내용의 일부 또는 전부를 재사용하려면 반드시 (주)북이십일의 동의를 얻어야 합니다.
잘못 만들어진 책은 구입하신 서점에서 교환해드립니다.